Hohenloher Nächte

von

Wildis Streng

Impressum

© 2023 Wildis Streng

Texte, Bilder, Coverfoto, Layout und Satz: Wildis Streng
Herstellung und Verlag: BoD – Books on Demand, Norderstedt
ISBN: 9783752839340
Bibliografische Information der Deutschen Nationalbibliothek:
Die Deutsche Nationalbibliothek verzeichnet diese Publikation in
der Deutschen Nationalbibliografie; detaillierte bibliografische
Informationen sind im Internet über dnb.dnb.de abrufbar.

Inhaltsverzeichnis

Raunachtstraumexperiment

Alles, was man in den Raunächten träumt, wird wahr, so heißt es. Eigentlich ist das Ganze noch spezieller: Zwölf Raunächte stehen für die zwölf Monate des kommenden Jahres. Ich bin nicht abergläubisch, aber würde mich als „aufgeschlossen" bezeichnen, solange es nicht allzu spiritistisch wird. Denn es gibt Dinge, von denen wir Menschen die Finger lassen sollen. Aber das mit den Raunächten, das ist interessant. Ich habe es mal für einige Nächte ausprobiert. Und ich habe von München und von Karlsruhe geträumt. Von einem Spaceshuttle. Von Weihnachtssternen und vom Malen. Von einem ankommenden Brief, vom Tanzen und von Versuchung. Von Ausgängen, Spiegeleiern und Königskerzen. Von Inkas, Libellen und von Mäusen. Und nun ist das Jahr um, also das Jahr, das eigentlich vorhergesagt werden sollte. Und ich kann sagen, mit einiger Sicherheit: Nichts davon ist eingetroffen. Anders ausgedrückt: Alles Stuss. Aber es war unterhaltsam und spannend. Und was ich sicher weiß: Alles ist gut geworden, so, wie es war. Ich wurde geführt. Es gibt einen Plan dafür, wie mein Leben laufen soll. Ich steuere das, ja, aber da ist noch jemand, der ein Auge auf mich hat und dafür sorgt, dass alles gut wird.

Sie sieht nach draußen, da, wo sie in manchen Sommernächten auf ihrer Loungeliege liegt. Sie hat im Sommer einen kleinen Brunnen im Betrieb, und an der Liege rankt eine gelbe Rose entlang einer Rankhilfe empor. Im Sommer baden die Vögel im Brunnen, es zwitschert und summt. Ein Liebesort, ein Locus amoenus. Nur, dass sie leider Single ist und dort also immer alleine liegt. Und sich ausmalt, wie es wäre, dort mit einem Mann zu liegen, bei Brunnengeplätscher, Vogelgezwitscher und Rosenduft. Jetzt ist ihr Garten tot – wobei, nicht ganz. Sie weiß, dass am Tag auch die Vögel aus den Büschen, in denen sie jetzt in der bitterkalten Januarnacht zusammengekauert sitzen, hervorflattern und ihr Vogelhaus besuchen. Aber auch die Vögel wissen, dass Winter ist, und sind leise, weniger fröhlich, zwitschern nur verhalten. Auch sie mag den Winter nicht. Obwohl der Garten so tiefverschneit, wie er gerade ist, schon eine gewisse Schönheit hat. Durchaus. Ihr Blick fällt auf die große Wachsschale, die sie auf der letzten Muswiese gekauft hat und die sie eigentlich für laue Liebessommernächte aufgestellt hat. Sie hat sie immer noch nicht benutzt. Aber heute sollte sie nicht rausgehen, nicht heute Nacht. Das hat ihre Oma ihr beigebracht. Nicht in einer der Raunächte. Denn das ist gefährlich. In den Raunächten, also den Nächten zwischen Weihnachten und Drei-König, ist nämlich das Wilde Heer draußen unterwegs, davon war ihre Oma überzeugt. Als Kind hatte sie richtig, richtig Angst vor dem Wilden Heer. Ein Lächeln stiehlt sich auf ihre Lippen. Was für ein Quatsch! Man darf keine Wäsche aufhängen in der Zeit zwischen den Jahren, schon gar keine weißen Bettlaken, weil sich das Wilde Heer darin verfangen könnte und daraus Leichentücher für die Hausbewohner macht. Wieder Quatsch. Denn wenn es stimmte, was Oma außerdem erzählt hat, nämlich, dass es sich beim Wilden Heer höchstwahrscheinlich um Odin, Wotan, Thor und andere germanische Götter handelte, dann wären die wohl kaum so doof, mit ihren geflügelten Pferden gegen ein aufgespanntes Bettlaken zu reiten, geschweige denn, sich darin zu verheddern. Außerdem müsse man sich als Jungfrau in Acht nehmen, hat die Oma immer erzählt, weil sonst könne es sein, dass man von einem aus dem Wilden Heer gepackt wird. Also nein! Das wäre ja schrecklich! Obwohl … wenn die ungefähr so ausschauten wie Liam Hemsworth im Hollywood-Streifen als Thor … uuuuuh! Aber das konnte man ja nicht wissen, womöglich waren die Kerle hässlich und ungewaschen. Und außerdem war sie eher der romantische Typ. Sie wollte ja nicht „gepackt" werden. Und sie war auch keine Jungfrau mehr. Ein leichter Wind hatte wohl die Äste bewegt, denn ein Pulverschneegestöber glitzerte plötzlich auf ihrer Terrasse. Blauweiß gleißte der Schnee auf, fast wie im Schwarzlicht, vielleicht der Mond, der zwischen Wolken hervorgekommen war. Sie öffnete nun doch die Tür. Es war bitterkalt und still. Kein Lufthauch mehr. Der Kerzenständer lag unberührt da, schien sie aufzufordern. Zünde mich an! Gut, warum nicht. Sie ging zurück ins Haus und holte die edlen, langen Streichhölzer, die sie beim Weihnachtswichteln bekommen hatte. Genoss das Ratschen beim Anreißen des Hölzchens und den Schwefelduft, der ihr in die Nase stieg. Ging wieder zurück und holte sich ein Glas Wein mit ein paar Crackern, die sie auf eine weiße Stoffserviette auf das Beistelltischchen der Loungeliege ablegte. Gott, was für ein schöner Ort, auch im

Winter! Direkt am Haus, aber sie war ganz allein. Na, da würde schon noch einer kommen, vielleicht müsste sie doch mal im Internet …? Sie trank vom Wein und setzte sich dann auf die Liege. Sah dem Kerzenschein zu und knabberte einen Cracker. Die Flamme züngelte hoch und höher, knallte, zischte. Schön sah das aus, warum um alles in der Welt hatte sie das Teil noch nie angezündet? Ein weiterer Schluck Wein. Soso, das Wilde Heer würde heute Nacht reiten, angeblich. Sie hörte nix. Ein Grinsen stahl sich auf ihre Lippen. Ihre Oma hatte das ja voller Überzeugung erzählt, fast hegte sie den Verdacht, dass die Oma wirklich und allen Ernstes daran geglaubt hatte! Nun, wo sie darüber nachdachte – noch nie hatte sie Wäsche im Haus aufgehängt gesehen in der Zeit zwischen den Jahren. Die Oma hatte es auch vermieden, nach draußen zu gehen in jenen Nächten. Ein weiterer Schluck Wein, noch ein Cracker, und kichernd kam ihr ein Gedanke. Das würde sich doch herausfinden lassen, ob da was dran war! Sie betrachtete die Stoffserviette, die auch mit viel gutem Willen niemals für ein Leichentuch reichen würde. Absolut ungefährlich also, selbst, wenn die Geschichte vom Wilden Heer stimmte. Sie klaubte den letzten Cracker von der Serviette und stand auf, um das kleine weiße Stoffstück an das Rankspalier zu hängen. Setzte sich wieder hin und trank einen weiteren Schluck Wein. Sah in die Flammen. Wartete. Und plötzlich ein Windhauch. Die Luft rauschte. Brauste. Ein ohrenbetäubendes Poltern. Es wurde schwarz um sie, auch der blauweiß leuchtende Schnee verlosch. Als sie wieder sehen konnte, stand er vor ihr und lächelte sie an.

Als Kind habe ich öfters bei Oma übernachtet. Das war überhaupt nicht kompliziert, denn sie wohnte bei uns. Streng genommen wohnten *wir* bei *ihr*, denn sie hatte das Haus mit ihrem Mann im Jahr 1952 mit viel Handarbeit erbaut. Wir als junge Familie bewohnten das untere Stockwerk, und Omas kleine Wohnung war oben. Sie bestand aus einer sehr altertümlich wirkenden Küche mit Emailleherd und kleiner Kochgelegenheit und einem etwa zehn Quadratmeter großen Wohnzimmer mit einer deckenhohen Zimmerlinde auf dem Telefontischchen neben dem Fernseher, einem „Schessloh", einem Fernsehsessel, einem Buffet, dem Kachelofen und einem Esstisch. Alles stand dicht an dicht und man konnte sich kaum umdrehen. Das Schlafzimmer war nebenan und durch einen Durchgang ohne Tür verbunden. An der Wand hing ein Schwarzweißfoto meines Opas, den ich nie kennen gelernt habe und das meine Oma jede Nacht vor dem Schlafengehen mit dem Rücken ihrer alten Hand streichelte. Das Ehebett war aus massivem dunklen Holz, vielleicht war es Kirsche. Einer der schweren Schränke aus demselben Holz trug an der Seite eine Schramme, wo einst in Kriegstagen ein verirrter Granatsplitter vorbeigeflogen und auf dem Kopfkissen gelandet war – Gott sei Dank war zu diesem Zeitpunkt niemand im Bett gelegen. Die Schramme war ein ständiges Mahnmal, dass es den Krieg gegeben hatte. Auf dem Schrank lagerte Oma ihre Schokolade, und als Kind durfte ich mir jeden Tag nach dem Essen ein „Ripple Schoglaad" holen. Eines und nur eines. Omas Schlafzimmer hatte schon wegen der Schokolade und der Weltkriegsschramme etwas Mystisches. Die rechte

Seite des Ehebettes, von vorne gesehen, war leer, weil da früher mein Opa geschlafen hatte und Oma aus Liebe zu ihm alle folgenden Heiratsanträge von Witwern oder ambitionierten Rentnern abgelehnt hatte. Das Bettzeug war bauschig und gut ausgestopft. Nicht so starr, wie man es aus den Freilandmuseen kennt. Aber weniger flexibel als die heutigen Daunendecken. Es roch immer ein wenig alt im Bett, aber nicht unangenehm, sondern irgendwie heilig. An der Wand hing eines dieser Schlafzimmerbilder, allerdings keine Jesusdarstellung, sondern ein Birkenwäldchen, das inzwischen über meinem Gästebett hängt. Mit einer kleinen weinroten Nachttischlampe, die unglaublich laut klackte beim An- und Ausschalten, wurde die Nacht eingeläutet. Wenn es „Bettgehnaszeit" war, wie Oma das nannte, durfte aber die „Bettflasch" nicht fehlen. Das war nicht etwa eine mit flauschigem Polyester ummantelte Gummibettflasche oder ein in der Mikrowelle aufgewärmtes Kirschkernkissen. Nein, Oma hatte eine dieser ovalen, kupfernen Bettflaschen, die direkt vor dem Schlafengehen mit kochend heißem Wasser befüllt wurden und dann sofort in ein Handtuch gewickelt wurden. Denn hätte man das Handtuch weggelassen, so hätte man sich im Moment der Berührung schwerste Verbrennungen am heißen Kupfer geholt. So war die Bettflasche aber

wunderbar warm, und ich kann mich nicht erinnern, dass ich mich irgendwann einmal im Leben noch einmal so warm, geborgen und perfekt eingemummelt gefühlt habe wie in diesen Nächten in Omas altem Ehebett.

Als ich klein war, hatten wir eine sehr alte Haustür. Sie hatte sechs Glassegmente, die mit dunklem Holz eingefasst waren. Und sie fiel mit einem scheppernden Geräusch ins Schloss. Ich war sehr traurig, als meine Eltern sie in den Neunzigerjahren durch eine moderne, zeitgemäße Tür ersetzten. Denn ich mochte die Tür, und besonders gern hatte ich sie im tiefsten Winter. Denn dann war sie

besonders schön – vielmehr: die Eisblumen, die sich über Nacht auf ihr gebildet hatten. Für mich war es ein Rätsel, wie die Eisblumen, die komplizierten Tapetenmustern, Farnen und Blüten glichen, entstanden. Mein Vater erklärte mir, das seien Abdrücke der Blätter, die der Herbstwind gegen die Tür geweht hatte. Das stimmt so nicht, das weiß ich jetzt. Aber was ja durchaus sein kann: In kalten Winternächten kommen Elfen an alte Fenster und Türen und malen ein bisschen mit Kristallen. Vielleicht feiern sie eine Eisblumenparty und wetteifern um die schönste Dekoration. Vielleicht fragen sie sich, ob sich die Menschen, besonders Kinder, am nächsten Morgen über die Malereien freuen würden. Aber die traurige Wahrheit ist, dass es heute erstens kaum noch alte Fenster und Türen gibt. Viel schlimmer ist allerdings, dass wir etwas so Kleines und Schönes heutzutage gar nicht mehr bemerken würden.

12

Nachts sind alle Blumen grau. Das stimmt natürlich nicht, denn sie haben auch dann Farben. Obwohl es eine nahezu philosophische Frage ist: Existieren Farben, wenn man sie nicht sieht? Brauchen sie eine Existenzlegitimation? Oder sind sie einfach so da? Das kann niemand wissen, es ist eines der Geheimnisse unserer Welt.

In der Frühlingsnacht ist das Licht graudunkel, zumindest in der Dämmerung, und der Mond wirft ein kaltes Licht auf den Schnee, der bei Vollmond hell aufgleißt.

Womöglich denken die Frühlingsblumen in solchen Nächten darüber nach, ob sie bald blühen sollen – Krokusse, Narzissen, Hyazinthen. Und wenn sie sich dazu entschließen, dann strecken sie an einem der folgenden Tage ihre Knospen aus den Stängeln, die bald darauf aufplatzen und die schönsten Blüten in Gelb, Blau und Rosarot zeigen. Nur in der Nacht sind sie dann gelbgrau, blaugrau und rosagrau. Aber das macht nichts, denn bald ist es wieder Tag, und der Frühling kommt und dann der Sommer.

Ich liebe das Maifest, das Dorffest mit dem Posaunenchor und den leckersten Steaks der Welt. Mit dem Maibaum, dem man anmerkt, dass er ein Kulturgut ist – ach was, eigentlich ein *Kult*gegenstand. Etwas Heidnisches, Archaisches. Wo es um die Fruchtbarkeit geht, um Neubeginn, um Erwachen. Fast in jedem Lebensjahr habe ich es geschafft, das Maifest mitzufeiern. Richtig schade ist allerdings, dass ich kein Kind mehr bin. Denn wäre ich ein Kind, so könnte ich eine Tüte mitnehmen, mit Klopapier hauptsächlich. Ich würde mich dann bei Einbruch der Dunkelheit mit Einverständnis meiner Eltern mit meinen Freundinnen davonstehlen, im wahrsten Sinne des Wortes. Diebisch, heimlich. Denn wir wollen ja nicht gesehen werden bei dem, was wir tun. Wir klauen alles, was nicht niet- und nagelfest ist. Aber niemals bösartig, meistens wird das Diebesgut schon einen Vorgarten weiter wieder abgestellt. Blöd für die Leute, wenn das der Wäscheständer mit den hässlichen Baumwollunterhosen ist, die man eigentlich nur „daheimrum" anzieht und die ganz sicher nicht für fremde Blicke bestimmt sind. Gartentürchen aushängen ist der Klassiker, dann „wegdroocha", kichernd, aber auch nicht allzu weit; die Leut sollen ihr Türle ja auch wiederfinden. Am meisten Spaß macht es, Autos mit Klopapier einzuwickeln. Im besten Fall und wenn man nicht erwischt wird, schauen die Autos anschließend wie Mumien aus. Und am allerschönsten ist es natürlich, sich nach der Tat davonzuschleichen, manchmal panisch kreischend wegzurennen, wenn man entdeckt wurde. Wie gerne wäre ich noch einmal ein Kind! Aber so, wie ich jetzt bin, ist die Mainacht auch schön. Ich esse ein leckeres Steak, sogar zwei, weil es so verdammt gut schmeckt. Ich rede mit den Leuten, die ich schon von klein auf kenne. Ich staune, wie groß ihre Kinder schon sind und dass die schon in dem Alter sind, wo man auch keine Maistreiche mehr macht, weil mal leider zu cool dafür geworden ist. Es ist nur Smalltalk, aber ich genieße ihn, ich fühle mich so verbunden mit meiner Heimat wie in keiner anderen Nacht. Und am Schluss nehme ich mir drei Blätter vom Maibaum, dem Kultischen, die ich zuhause presse und sie als Erinnerung an diese magische Nacht im Geldbeutel bei mir trage.

Im Mai liegt draußen ein ganz bestimmter Geruch in der Luft. Ich bin mir nicht sicher, ob man ihn wirklich als „Duft" bezeichnen kann, denn ich habe Ausscheidungen als Ursache in Verdacht. Das ist ja nun wenig romantisch. Und trotzdem ist es für mich ein Duft. Man nimmt ihn wahr, wenn man sich im Mai in der Nähe von Bäumen aufhält. Meistens abends, wenn sich die Schwere der Dämmerung langsam über die Landschaft legt und es zu schwirren beginnt. Maikäfer! Die doch recht großen braunen Gesellen, die man als Kind immer ihr halbes Leben in Schuhkartons gesperrt hat – was ein unglaublicher Frevel war. In der Dämmerung fliegen sie brummend im Licht der Straßenlaternen. Ihre Flügel schimmern golden, obwohl sie braun sind. Und wenn sich einer auf die Hand setzen würde, so würde man sehen, dass er kleine, feine Fühler hat und schwarzweißes Fell am Bauch. Und einen aufmerksam und fragend aus nachschwarzen Augen anblickt. Dass er Luft unter die Flügel pumpt, bevor er sie entfaltet und schwirrend abhebt. Ich mag es, dass sie da sind. Und ich mag es, wenn es nach Maikäfern riecht, wenn man in der Dämmerung unter weiß und rosa blühenden Kastanien hindurchläuft. Denn das ist ein sicheres Zeichen dafür, dass der Frühling da ist und dass bald der Sommer kommt.

Sommersonnenwende

Sommersonnenwendenluft
und Lindenblütenwunderduft
streicheln meine Seele sacht
in der Sonnenwendennacht.

Feuerzungen lecken hell
Brunnenwasser plätschert schnell
Wetterleuchten funkt in Pracht
durch die Sonnenwendennacht.

Und ich denk an dich und weiß
unsre Liebe ist so heiß
wie die Sonne brennen mag
am Sommersonnenwendentag.

Die Nacht ist so schwarz ohne dich
so dunkel und grau und so trist
ich blicke blind suchend um mich
weil du nicht bei mir hier bist.

Die Nacht ist so still ohne dich
geräuschlos und lautlos und stumm
die Welt steht ganz leise um mich
und schließt sich fest um mich herum.

Die Nacht ist so kühl ohne dich
so bitterlich eisig und kalt
ich lege die Arme um mich
und finde doch keinerlei Halt.

Die Nacht ist so leer ohne dich
entfremdet, entseelt und allein
ich denke ganz fest nur an dich
und wünsche mir bei dir zu sein.

Die Nacht ist so laut neben dir
melodisch erklingt uns ein Lied
es trägt uns weit fort, weg von hier
wohin niemand anderes sieht.

Die Nacht ist so warm neben dir
so glühend und heiß und auch warm
als wär ich ein hilfloses Tier
roll ich mich eng in deinen Arm.

Die Nacht ist erfüllt neben dir
voll Liebe und Glanz und voll Glück
Ich bin ja nicht immer bei dir
doch kehr immer wieder zurück.

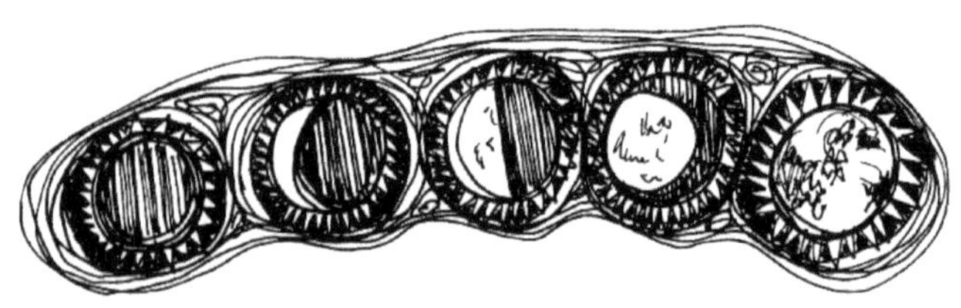

Mondphasen

Der Neumond ist unheimlich. Instinktiv sucht man ein Licht am Himmel, bei bewölktem Wetter, und wenn nichts da ist, ist man irritiert. Es ist nicht so, dass man direkt Angst hätte. Neumondnächte haben etwas Wohlig-Apokalyptisches. Sternenklare Neumondnächte und kein Mond am Himmel – da ist es trotzdem besser, wenn in der nächsten Nacht eine kleine, kaum wahrnehmbare Sichel erscheint.

Wenn der Mond einer Sichel gleicht, dann weckt das Wünsche. Welcher Art? Man möchte sich gerne reinsetzen oder gar hineinlegen, wie in einen dieser Schwingsessel für den Garten. Wie würde es sich wohl anfühlen, in dieser perfekt gerundeten Mondsichel zu lümmeln? Ist sie kühl oder warm? Lauwarm? Heiß wohl eher nicht, da ihr milchiger Farbton ja nur vom indirekten Sonnenlicht herrührt. Ganz sicher wäre es aber gemütlich.

Der Halbmond ist seltsam. Man hat das Gefühl, dass er nicht fertig ist, quasi unentschlossen. Er ist im Werden begriffen, oder, in die andere Richtung bei abnehmendem Mond, im Vergehen. Daraus kann man etwas lernen. Die Dinge sind im Fluss, ändern sich, werden zu etwas. Neues entsteht, Altes vergeht.

Der Vollmond ist perfekt rund. Mystisch. Faszinierend. Betrachtet man ihn eine Weile, so wird einem erst so recht bewusst, dass der Mond keine Lampe ist, die zur Dekoration am Himmelsgewölbe aufgehängt ist. Sondern, dass es sich um einen Erdtrabanten handelt. Mit 3500 km Durchmesser. Mit einer Landschaft, mit Kratern und Anhöhen. Hunderttausende Kilometer weit entfernt. Man hat das Gefühl, er blickt milde auf die Erde hinab. Denn wenn man ganz genau hinschaut, entdeckt man sogar ein Gesicht.

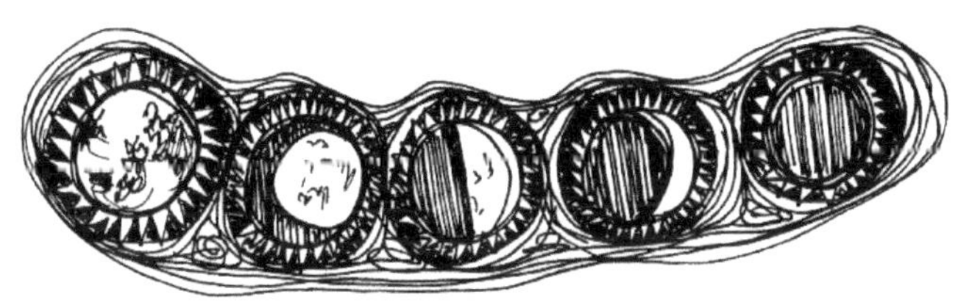

Klatschmohnmond

Du lieber schöner roter Mond
bin deine Farbe nicht gewohnt
du bist doch meistens strahlend weiß
mal Sichelmond, mal runder Kreis
bist schneeweiß oder silbergrau
manchmal vielleicht veilchenblau
goudagelb auch hier und da
cremeweiß ich dich auch schon sah
doch heute bist du rot wie Mohn
ein wonnewarmer Klatschmohnton
ich mag dich so!

Es ist eine dieser warmen Sommernächte, und sie geht ein bisschen spazieren. Sie liebt es, alleine zu sein in solchen Nächten. Obwohl sie es nicht immer gut findet. Aber seit er weg ist, bleibt ihr sowieso nichts anderes übrig. Sie ist Single. Das hat etwas Befreiendes, ganz klar. Sie kann tun und lassen, was sie will. Niemand, mit dem sie Kompromisse aushandeln müsste. Niemand, der ihr etwas vorschreiben würde. Biggy beneidet sie, das weiß sie genau. Denn die ist mit ihrem Thommy lange nicht so glücklich, wie sie immer tut, hat aber auch irgendwie Angst vor dem Alleinsein. Das hat sie auch gehabt, jahrelang, und dann ist es passiert. Ich liebe dich nicht mehr, hat er gesagt, und es tut mir leid. Sie hat die Achseln gezuckt, wenn die Gefühle weg waren, was gab es da noch zu reden? Dann war die Sache eben erledigt. Bitte liebe mich weiterhin? Das zu sagen, hätte ja nichts gebracht. Und so ist sie eben allein. Der Zustand, vor dem Biggy solche Angst hat und der nicht immer einfach ist. Aber der sicher auch seine guten Seiten hat, jetzt zum Beispiel ist es irgendwie romantisch. Besinnlich. Kontemplativ. Sie hat es nicht weit zu den Feldern, ein kleiner Fluss durchschneidet die Landschaft in dem Ort, in dem sie wohnt. Zehn Minuten von ihrer Wohnung, dann ist es dunkel um sie her. Das Licht der Straßenlampen reicht nicht bis zu den Feldern. Obwohl das mit der Dunkelheit so eine Sache ist, denn immerhin scheint der volle Mond und beleuchtet die Äcker und die kleine Brücke, die dort hinten über den Fluss führt. Allgegenwärtig ist das Zirpen der Sommergrillen, leise bewegt der Nachtwind die Ähren der Getreidefelder, die sie passiert. Irgendwo bellt ein Fuchs. Sie geht weiter, mechanisch, und der kleine Häwelmann kommt ihr in den Sinn, der in der Mondnacht immer weiter und weiter fahren wollte, bis in den Himmel hinauf. Aber das will sie nicht, sie will schon wieder nach Hause in ihre kleine Zweizimmerwohnung, denn morgen früh muss sie zur Arbeit, pünktlich. Plötzlich spürt sie ein Sirren über sich, ein Taumeln. Ein Vogel, denkt sie, ein Nachtvogel. Aber dann sieht sie dem kleinen Wesen nach, das sich unscharf gegen den graulichten Nachthimmel abhebt. Ihr wird klar, dass das gar kein Vogel ist. Es ist eine Fledermaus. Die findet sie schon immer faszinierend, schon als Kind. Und nicht nur wegen Batman. Obwohl: auch wegen Batman. Aber zunächst einmal, weil man nicht mit ihnen rechnet. Weil sie geheimnisvolle Geschöpfe der Nacht sind. Mit ausdrucksvollen Köpfchen mit spitzen Ohren. Mit edel wirkendem anthrazitfarbenem Fell. Mit Flügeln, die wie mit Samt oder Seide bespannt aussehen. Flügel von einer Spannweite, die größer ist, als man den Tierlein zutrauen würde. Aber zurück zu Batman, denkt sie sich, Batman ist schon ein cooler Typ. The Dark Knight, der dunkle Ritter, uuuuh! Könnte doch sein, dass das gerade Batman war, der unterwegs zu einem Auftrag ist? Irgendjemanden retten. Oder gleich die ganze Welt. Alles möglich! Oder, auch denkbar: Dracula, oder sagen wir: ein Vampir. In Filmen, die nicht zum Splattergenre gehören, schauen Vampire immer ziemlich gut aus und sind sehr galant. Echte Gentlemen, abgesehen davon, dass sie einem das Blut aussaugen. Aber was ist das schon, so ein oder zwei Liter Blut, im Vergleich zu einem Kerl, der dir nach fünf Jahren Beziehung einfach sagt, er liebt dich nicht mehr? Was ist da besser? So ein Halsbiss kann durchaus erotisch sein, der Hals ist eine erogene Zone. Und womöglich sieht der Fledermaus-Kerl, ob es jetzt Dracula, Batman oder irgendein Vampir ist, nicht schlecht aus. Wieder ein Surren über ihr, anscheinend kommt das Tierlein zurück. Silbern schimmern die Flügel im Licht des Vollmondes, als sich die Fledermaus auf ihre Schultern niederlässt und langsam auf ihren Hals zu krabbelt.

Die Nächte am Volksfest sind sehr besonders. Natürlich verbringe ich sie im Bierzelt, also, wenn nicht gerade Leuchtstabauftritt der Majoretten oder Feuerwerk ist. Im Bierzelt ist es laut, dunstig und voll. Ich schiebe mich durch die schwitzenden Menschenmassen und muss damit rechnen, mit dem Inhalt eines überschwappenden Maßkruges begossen zu werden. Partymusik dröhnt, und die Menge feiert. Aber das Treiben ist endlich, denn irgendwann schließt das Zelt, und ich gehe nach Hause. Über den schwankend-vibrierenden Bretterboden wandere ich zum Ausgang und trete in die klare, frische Nachtluft hinaus – welch ein Kontrast zum biergeschwängerten Zeltdunst! Vielleicht regnet es ein klein bisschen, immerhin ist es September, und deshalb kommt der Duft nach Regen hinzu. Pfützen bilden sich auf dem Volksfestplatz, in denen sich nur noch vereinzelt Lichter spiegeln. Denn die Fahrgeschäfte sind alle schon geschlossen, wirken ein bisschen wie bunte schlafende Riesen. Nun, da ihre Lichter erloschen sind, bemerke ich im Halbdunkel all die Airbrush-Motive, mit denen sie verziert sind. Und es fällt mir wieder ein, wie es war, als Kind über das aufgebaute, aber noch nicht eröffnete Volksfest zu schlendern, diese Fahrgeschäfte zu betrachten und sich vorzustellen, wie sie zum Leben erwachen würden. Wie ich dann endlich damit fahren durfte. Jetzt bin ich zu alt dafür, vielmehr: Ich will nicht mehr, mindestens nicht hauptsächlich. Man macht andere Dinge auf dem Volksfest. Trotzdem, dieser Anblick, wenn die bunten Riesen schlafen, hat immer noch etwas Magisches. Vielleicht ist das Camel-Derby noch auf und hofft auf letzte Betrunkene, die sich vom monoton und näselnd klingenden „Woll mer alle nochmal mitspielen hier?" ködern lassen. Tatsächlich! Ich zögere, entscheide mich aber dafür, nicht mitzuspielen und vielmehr noch kurz zu beobachten, wie die Kamele ihre stets gleiche, vorgeschriebene Bahn entlanghoppeln. Ich hoffe, dass ihnen nicht allzu langweilig ist – vielleicht beobachten sie ja die Leute und unterhalten sich nachts über die Besucher? Die Stimme der Ansagerin näselt „Die Zwei, die Vier, he, die Drei ist aber schnell, und die sieben macht das Rennen, meine Damnundherrn." Ich habe das Gefühl, die Kamelrennleiterin zu kennen, immerhin schaue ich ihr jedes Jahr bei ihrer Arbeit zu, aber sie kennt mich nicht. Ich wende mich zum Gehen und durchschreite schließlich das tannenbewehrte Tor. Grüße den Eiloader, so, wie er mich grüßt. Er wirkt schläfrig und müde, aber glücklich, genau wie ich.

Die Nächte an der Muswiese sind irgendwie magisch. Und das nicht nur wegen der Partys in den Bauernwirtschaften. Nicht nur wegen der vielen Flirtwilligen, die nicht selten auch Erfolg haben mit ihren Ambitionen. Wirklich besonders ist die Muswiese dann, wenn man nach Hause geht. Dann entfaltet sie ihren ganzen Charme. Die geschlossenen Stände sehen aus, als würden sie schlafen und würden Kraft sammeln für den nächsten anstrengenden Verkaufstag. Vereinzelt gleißen noch Lichter, die weniger werden, je weiter man sich vom Marktgelände entfernt. Der Duft von den geschorten Ackerflächen steigt auf, nach würziger Erde, und mischt sich mit der Taufeuchte der kühlen Herbstnacht. Über den Feldern steht Nebel, als hätten die Wolken beschlossen, sich auf die Erde herabzusenken, in diesen so mystischen Muswiesennächten. Das Mondlicht taucht den Nebel in einen silbernen Schleier, fast unwirklich wirkt das Glühen, wenn die Wassertröpfchen das Licht reflektieren. Und wenn man zu seinem Auto läuft und absolut nichts hört außer seiner eigenen Schritte auf dem gesplitteten Boden, dann wundert man sich, wie man nach einem solchen Festbesuch voller Menschen und Trubel so wunderbar einsam sein kann.

Der Sommer ist um, und eigentlich hatte er gehofft, einfach so jemanden kennenzulernen. Wie man sich halt so trifft, am See, in der Arbeit. Obwohl „in der Arbeit" bei ihm wegfiel, wollte er nicht mit einem Rind zusammenkommen – denn er war Landwirt, studierter Agraringenieur immerhin. Aber da er optisch nicht der Schönste war, war er auch in Triesdorf auf der Hochschule, die ja als Heiratsmarkt fungierte, nicht grade erste Wahl gewesen – und so war er leer ausgegangen. Er war dann erst einmal nach Hause gegangen, auf den Hof, allein, und seiner Mutter war das gar nicht unrecht gewesen, war er doch ihr einziger Sohn und sie gern die einzige Frau auf dem Hof. Wer konnte schon wissen, wer da kam und was die Schwiegertochter in spe sich so alles herausnahm. Es hatte Jahre gedauert, bis er aus seiner Lethargie erwacht war, viele Jahre. Jetzt war er 48, und zu spät war es nicht. Da war er sich ganz sicher. Das hoffte er zumindest. Er parkte das Auto auf dem Parkplatz, auf dem er schon lange nicht mehr gewesen war. Dunkel erinnerte er sich noch, wie es war, damals mit den Jungs, den Kumpels, die jetzt alle verheiratet oder mindestens liiert waren. Damals hatte man sich ein Hemd angezogen zur edlen Jeans und war abends in den Epfl gegangen. Mädels aufreißen, so war zumindest der Plan. Er seufzte. Was tat er nur hier, noch konnte er umkehren. Noch einmal rief er die Website auf. „Ü-30-Party im Apfelbaum" stand da, und „Feiert mit uns die heißeste Single-Party der Region!" Er schluckte. Heiß war er so mittelmäßig, eher lauwarm, das war ihm klar. Aber trotzdem. Er brauchte ja kein Model. Er hätte einfach nur gerne einmal eine Beziehung. Was Ernstes. Er fasste sich ein Herz und stieg aus, das Handy schob er in die hintere Hosentasche. Ein paar Jugendliche standen herum, sie würdigten ihn keines Blickes. War nicht schlimm. Er sah auf die Uhr, halb elf, da konnte man schon mal reingehen. Oder sollte er vorher noch eine Wurst am Imbiss essen? Du drückst dich, sagte er sich selbst, trau dich! Er strich sich über das Haar, das schütter geworden war, trotzdem hatte er es geschafft, es nett zu frisieren, wie er fand. Der Eingang leuchtete hell, und der Türsteher, ein Berg von einem Mann, nickte ihm freundlich zu und trat beiseite. Offenbar wirkte er komplett ungefährlich. Kein Wunder. Die Kassiererin am Drehkreuz war in seinem Alter, sie kassierte die vier Euro und ließ ihn ein Bonbon auswählen. Er entschied sich für Werthers Echte, aus Nostalgiegründen. Passte irgendwie. Seine Schritte lenkten ihn zielstrebig in Richtung Apfelbaum, war doch das P1 eindeutig etwas für die jüngere Generation. Von dort wummerte deutsche Rapmusik; im Epfl lief wenigstens Discofox, auf die Weise bestand eine zumindest geringe Chance, dass er beim Tanzen eine gute Figur machen würde. Vorausgesetzt, er traute sich. Er ging die paar Treppenstufen hinunter und ließ seinen Blick schweifen. In einer Ecke entdeckte er ein paar Kumpels von früher, die ihm nett, aber gleichzeitig auch unpersönlich zuwinkten. Er winkte zurück, im Notfall könnte er sich sicher zu denen dazustellen. Allerdings hatte er auch früher nicht zu ihnen gehört. Er trat auf die Bar zu und bestellte sich ein Hefeweizen – halt, nein, mal wollte ja potentielle Kandidatinnen nicht mit einer Bierfahne vergraulen. Er besann sich und korrigierte seine Bestellung zu einem großen Kiba, mit viel Kirsch und wenig Banane. Der war süß und klebrig, sah aber immerhin ganz interessant aus. So lässig wie möglich bestieg er einen der doch sehr hohen Barhocker und blickte interessiert zur Tanzfläche, wo einige mittelalte Damen in teilweise recht engen Pailettentops mit den Füßen wippten. Anscheinend hatte der DJ es noch nicht geschafft, die Leute auf die Tanzfläche zu kriegen. Er leerte den Kiba halb und verzog das Gesicht, igitt, danach würde er definitiv ein Weizen trinken. Er wurde sich bewusst, dass er irgendwie doch sehr allein wirken musste da, und so, als hätte er es nötig. Wieder überlegte er, rüberzugehen zu den anderen, die einen Stehtisch an der Balustrade, die die Tanzfläche begrenzte, hatten. Dann wäre er wenigstens nicht mehr so peinlich allein. Aber ihm war nun wirklich nicht danach. Er zog das Bonbon aus seiner Hosentasche. Ließ es kurz im Licht der Discokugel über der Tanzfläche glitzern. Dann packte er es aus. Wie in der Werbung: Süß und sahnig, noch süßer. Und irgendwie tröstlich. Der DJ griff jetzt zu seinem Allheilmittel: Freestyle. Immerhin wagten sich nun einige Damen auf die Tanzfläche, und er überlegte, mitzumachen in dem schnell anwachsenden Pulk. Aber dann traute er sich nicht, das würde bestimmt blöd aussehen, dieses Alleintanzen, wo ihn alle beobachten könnten. Er bemerkte, wie einer der früheren Bekannten sich an ein paar der Mädels heranmachte, eine hatte blonde Locken und sah irgendwie rockig aus, das gefiel ihm. Sie hatte sich ziemlich arg geschminkt, ihre roten Lippen wirkten krass, aber auch das machte ihn irgendwie an. Keine Frage, dass er eine solche Frau niemals haben könnte. Er seufzte, leerte seinen Kiba in einem Zug und bestellte ein Hefeweizen. Und beschloss, die Schöne, Rockige noch ein bisschen zu beobachten, wie sie jetzt zu Shakira tanzte, aber nicht so verschämt wie die anderen, sondern so, als sei nur sie auf der Tanzfläche, nur sie. Sie ließ sich nicht antanzen, ignorierte die Kerle um sie herum, war offenbar auch alleine da, wie er den schnippischen Blicken der Damen um sie herum entnehmen konnte. Sie war wunderbar, und er konnte die Augen nicht von ihr lassen. Am liebsten würde er rübergehen und sie ansprechen, drei Meter waren es, warum traute er sich nicht? „Willst du tanzen?", würde er sagen, mit tiefer, männlicher Stimme, kein Problem. Das Schlimmste, was passieren konnte, war ein Korb. Und das wäre nicht sein erster. Willst - du – tanzen. Schwierig! Noch dazu, weil sein Körper ihm nicht mehr gehorchte, seine Muskeln hielten ihn felsenfest auf dem Stuhl, wie angeklebt. Vielleicht half noch ein Schluck Bier. Willst – du – tanzen – verdammt! Es half nichts. Er konnte es nicht. Es brachte nichts, sie anzusehen, er quälte sich nur. Er drehte sich um 180 Grad auf seinem Stuhl, in Richtung der Bar. Vielleicht würde er nachher einen Jacky Cola trinken und doch noch zu den anderen rübergehen, dann könnte er … plötzlich nahm er neben sich einen Duft wahr, einen warmen, leicht süßen Duft, vermischt mit etwas Schweiß, aber nicht unangenehm. Er drehte den Kopf und fand sie auf dem nächsten Barhocker sitzend, direkt neben ihm. Und sie bestellte etwas, direkt neben ihm, jetzt, jetzt! Jetzt musst du es sagen, du Idiot! Er schluckte. Schielte zu ihr hin. Trank noch einen Schluck. Jetzt. Jetzt oder nie. Sie erhielt ihr Getränk – Malibu Kirsch mit einem Strohhalm so rot wie ihre Lippen, saugte daran, schluckte und sah ihn dann so direkt an, dass er gar nicht anders konnte, als zurückzustarren.

„Hey", sagte sie und lächelte, mit ihren roten, roten Lippen.

„Hey", krächzte er und konnte sie nur ansehen, sonst nichts.

„Bist du öfters hier?", fragte sie und trank wieder.

„Nicht so oft."

„Aha. Ich auch nicht. Eher so auf ironischer Basis. So mal wieder, nach Jahren, ach was, nach Jahrzehnten."

„Ich auch."

„Bist du alleine da?"

„Ja."

„Ich auch. Willst du tanzen?"

Er rauchte. Er rauchte immer nach dem Sex. Das fand sie männlich. Ungemein sogar. Die fünf Mal, wo sie bisher miteinander geschlafen hatten, hatte er immer geraucht. Und sie hatte nackt neben ihm gelegen, an seine Brust geschmiegt, und geschnuppert. So wie jetzt. Er rauchte ja keine normalen Zigaretten. Er rauchte welche mit Menthol. Lange dünne. Die wirken eleganter. Eigentlich war das ja nicht ihr Stil. So schnell mit einem Mann ins Bett zu gehen. Normalerweise war sie eher der Typ „wohlerzogenes Mädchen". Genauer gesagt war Robert ihr erster „Am-ersten-Abend-ins-Bett-Kerl" gewesen, und immerhin war sie schon fast dreißig. Sie beobachtete, wie dünne Rauchschwaden seinem Mund entstiegen und zur Decke waberten. Diesem Mund, der so unglaublich fordernd küssen konnte. Robert mochte es nicht, wenn man als Frau die Initiative übernahm. Er bediente sich ihrer. Sie hatte sich immer ein bisschen wie eine Marionette gefühlt, die an Fäden in die korrekte Position gezogen wurde. Zuerst hatte sie das irritiert. Aber dann hatte es ihr gefallen. Es gab ihr das Gefühl, sich fallen lassen zu können. Nichts tun zu müssen. Sich fallen lassen. Er war der erste, bei dem das ging. Die anderen hatten immer so anständig gewirkt, dass sie sich immer zurückgehalten hatte. Mit Robert war es anders. Es war, als wäre sie ein Puzzleteil und er das Nachbarteil, das noch gefehlt hatte. Die perfekt zusammenpassten. Er rauchte immer noch, und sie schmiegte sich an ihn.

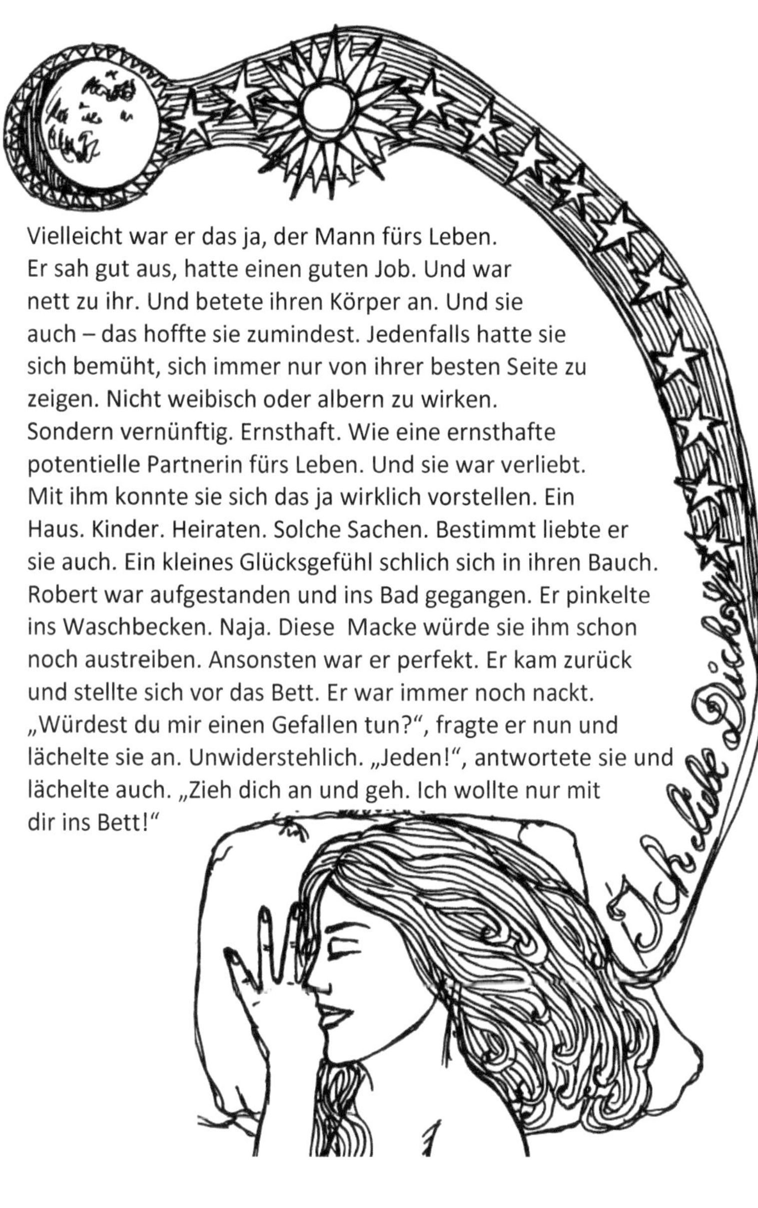

Vielleicht war er das ja, der Mann fürs Leben.
Er sah gut aus, hatte einen guten Job. Und war
nett zu ihr. Und betete ihren Körper an. Und sie
auch – das hoffte sie zumindest. Jedenfalls hatte sie
sich bemüht, sich immer nur von ihrer besten Seite zu
zeigen. Nicht weibisch oder albern zu wirken.
Sondern vernünftig. Ernsthaft. Wie eine ernsthafte
potentielle Partnerin fürs Leben. Und sie war verliebt.
Mit ihm konnte sie sich das ja wirklich vorstellen. Ein
Haus. Kinder. Heiraten. Solche Sachen. Bestimmt liebte er
sie auch. Ein kleines Glücksgefühl schlich sich in ihren Bauch.
Robert war aufgestanden und ins Bad gegangen. Er pinkelte
ins Waschbecken. Naja. Diese Macke würde sie ihm schon
noch austreiben. Ansonsten war er perfekt. Er kam zurück
und stellte sich vor das Bett. Er war immer noch nackt.
„Würdest du mir einen Gefallen tun?", fragte er nun und
lächelte sie an. Unwiderstehlich. „Jeden!", antwortete sie und
lächelte auch. „Zieh dich an und geh. Ich wollte nur mit
dir ins Bett!"

Sou, etz is dunkel, doa sigsch, etz kemmer nauß. Doa brauchsch koa Engschd hoowa, Sandra, bloß vielleicht vorm Nachtgrabb, der holld dii, wennd alloa bisch. Was? Noa, mer waaß net, wo der die Kind noubringt, s is noch koans widder kumma, wo's hätt verzeila kenna. Awwer ii bin ja dabei, koa Sorch. Ii däd em zeicha, wua dr Bardl da Mouschd holld. Und dei Laterna hasch ja aa, schee hebbt er's baschdelt bei der Dande Renate im Kindergarda, sou schää mit dem Tonpapier mit denna ausgschnittana Sunna, Mond und Sterne. Gell! Etz nimmsch die Streichhölzla und hollsch oons raus, etz, vorsichtich ouzinda, halt, net sou lang heeba, siehsch etz hasch dii brennt, gell des Feier dud weh? Doa brauchsch net heila, etz hasch ebbes glernt fürs Leewa! Also, etz, noch oans, ouzinda, und dann vorsichtig des Kerzle nei in die Laterna. Schee leichtet die! Und etz singa mir „Laterne, Laterne, Sonne Mond und Sterne! Brenne auf mein Licht, brenne auf mein Licht, aber nur meine liebe Laterne nicht!" Ou, doa sigsch, groad sooch ii's, etz hasch dei Laterna oubrennt, schnell, schmeiß uff da Bouda nou! Net heila, macha! Schnell! Lass mii druffdabba! Haja, sigsch, etz hasch dei Laterna ghett, doa gugg nou, mit Feier muss mer arch uffbassa! Etz gemmer besser hamm, net, dass dr Nachtgrabb dii doch noch holld!

***

Da schau, Tamara-Sophie, jetzt dämmert es schon leicht! Da können wir doch jetzt Laterne laufen, das ist total schön! Möchtest du lieber die Eiskönigin oder das Einhorn? Die Eiskönigin, ja? Finde ich auch total schön, aber ich nehm das Einhorn mal mit, falls du dich umentscheidest.

Was? Nein, du brauchst keine Angst draußen zu haben, wenn uns jemand anspricht, dann rufen wir einfach die Polizei! Hier hab ich deine Kerze, eine mit LED, total schön mit dem Flackereffekt, wirst du schon sehen! Und keine Sorge, ich hab Ersatzbatterien dabei! So, ich schalt die mal an, Vorsicht, Achtung, jetzt in die Laterne rein, ach, du willst doch lieber das Einhorn? Also, bitteschön, Tamara-Sophie, aber dann nehmen wir die Eiskönigin mit. So, jetzt geht's los, gut, dass die Laterne nicht anbrennen kann, weil Feuer ist sehr gefährlich, das musst du dir merken! Ach, du willst doch lieber den Mondlampion? Tut mir leid, Tamara-Sophie, den hab ich jetzt daheim, aber die Eiskönigin könnte ich dir noch anbieten, die ist doch auch total schön, vor allem mit diesem Flackereffekt? Nein? Du willst lieber ins Bett? Also gut, ist ja auch schon halb sechs, dann gehen wir eben nach Hause.

Du kannst an mich glauben oder auch nicht, das ist mir einerlei. Ich bin da. Es gibt mich. Da kannst du lachen und abwinken, soviel du willst, es ändert nichts. Und tatsächlich solltest du dich vor mir in Acht nehmen. Ich bin nicht ungefährlich, da haben sie alle recht. Alle, die dir von mir geflüstert haben. Die mit drohendem Zeigefinger zur Achtung vor mir gemahnt haben. Sie haben recht, alle, auch, wenn keiner von ihnen mir jemals begegnet ist. Denn wäre dem so, dann könnten sie nicht mehr von mir erzählen. Sie wären fort. Nicht mehr da. Wo, kann und will ich dir nicht sagen. Vielmehr: *will*. Es ist ein Geheimnis, und es ist kein gutes. Man sagt, ich sehe einem Raben ähnlich, aber ich weiß nicht, ob das stimmt. Ich finde, ich bin etwas Eigenes, Neues. Einzigartiges. Ein Wesen der Nacht. Ich komme nur, wenn die Sonne gesunken ist, die Dämmerung hereinbricht. Dann halte ich mich in den tiefer werdenden Schatten, in den dunklen Ecken, im nachtgrauen Gebüsch. Pass auf, dass du dann nicht mehr da bist. Denn ich, der Nachtgrabb, hole dich sonst.

Heutzutage besteht ein jedes Kind im Herbst auf seinem Schnitzkürbis. Wie amerikanisch, denke ich mir, und erinnere mich, dass es in meiner Kindheit die Ranschen gab. Futterrüben. Die die Bauern für ihr Vieh oder „fird Hoosa" auf dem Feld angebaut haben. Böse Kinder haben sich damals ihren Ransch gestohlen, gute, so wie ich eines war, haben brav beim Bauern nach einem gefragt. Ich habe mir immer einen besonders wild aussehenden ausgesucht, mit verzweigten Wurzeln, die man zu Haaren umgestalten konnte. Die Farben gingen von Zartrosa über Burgunderrot bis hin zu einem gelblichen Orange, aber das war zweitrangig. Denn tatsächlich kommt so ein Ranschigaaschd ja erst nachts zum Einsatz, wenn es dunkel ist. Und dann leuchtet er nicht nur, oh nein. Es ist auch der Duft, der süßliche, leicht harzige, der nur dann entsteht, wenn ein Teelicht in einem frisch geschnitzten Ransch brennt. Wollte ich heutzutage einen Ransch schnitzen, so wäre ich verloren, denn ich wüsste gar nicht, wo ich einen herbekommen sollte – wenn nicht meine Mutter ihr „Äckerle" hätte, auf dem sie ein paar Ranschen für den Eigenbedarf anbaut. Und zwar nicht etwa fird Hoosa. Sondern zum Schnitzen im Herbst, aus Nostalgie. Gezogen aus Samen, den sie vor ein paar Jahren in einem Tütchen irgendwo ergattern konnte. Sie lässt mich dann aussuchen, und ich suche mir einen großen mit wilden Haaren aus. Mama schnitzt einen, der freundlich aussieht – ich will einen Bösen. Nicht abgrundtief böse, aber ein bisschen.

Auch in diesem Jahr habe ich wieder einen Ransch von Mama gekriegt. Ich decke den Gartentisch mit

Zeitungspapier ab und lege den Ransch bereit. Mit dem größten Küchenmesser, das ich habe, schneide ich den Hut mit den Haaren ab. Nicht zu weit oben, denn immerhin muss ich ja noch aushöhlen können. Dazu nehme ich ein kleines Küchenmesser, mit dem ich ein paarmal in das weiße Fleisch steche, um es dann mit einem großen Esslöffel herauszuholen. Das ist ein Knochenjob, denn ein Ransch ist deutlich massiver als etwa eine zuckerige Wassermelone. Und es dauert bis ich zufrieden bin. Die Wand darf nicht zu dünn werden, sonst schimmelt der Ransch zu früh. Sie darf aber auch nicht zu dick sein, weil sonst das Gesichtschnitzen schwierig wird und das Kerzenlicht weniger gut nach draußen dringt. Ein Loch in den Deckel als Abzug. Dann benutze ich das kleine Messer, um ein Gesicht einzuritzen – schräg stehende Augen mit drohend geschwungenen Augenbrauen. Eine breitflügelige Nase. Ein Mund mit spitzzackigen Zähnen. Gut so. Ich setze mich hin für meine Arbeit, sie muss genau ausgeführt werden. Man darf nirgends durchschneiden, sonst ist das Gesicht verdorben. Augen. Nase. Mund. Ich schneide nach. Prüfe mit Blicken auf Augenhöhe, ob die Aussparungen noch ungewollte Stückchen haben, die das Kerzenlicht am Fließen hindern. Endlich bin ich zufrieden. Ich räume auf und warte bis zur Dämmerung.

Jetzt ist es Nacht.
Ich stelle das Teelicht in den Ransch und zünde es an.
Lege den Deckel drauf.
Sehe ihn leuchten, grimmig, das Gesicht schwebt durch die Dunkelheit. Es beschützt mich.
Und ich schnuppere.

<h3 style="text-align:center">Dr Duft</h3>

Im Herbschd do is dauße
A bsunderer Duft
Dr Wiind duad reechd sausa
Un trächd ´n durch d´Luft.

Dr Duft is reechd siaßlich
Un aa weng verraachd
Un aa aweng gmiatlich
Un wiagsocht verraachd.

Mr froochd sich was is des
Des doa asou riachd
Un des doa des Owads
Im Wiind umnand ziachd

Ii kou eich des soocha
Des sin d´ Ranschigaschd
Der Duft der wird droocha
Vom Herbschdwiind durch d'Noochd.

Dia stänna im Garta
Und leichda reechd schee
Als däda se warta
Un blecka ihr Zeeh.

Un gädd mr mim Huund nou
Im Herbschd späd am Dooch
No belldr den Gaaschd ou
Weiler n net mooch.

Sie steckte den Stecker ein. Wunderschön. Die Lichterkette beleuchtete funkelnd den großen, blattlosen Apfelbaum vor dem Haus. Apart schwebten die Lichter zwischen den Zweigen, funkelten wie Sternschnuppen kurz vor dem Verglühen. Ganz zauberhaft. Wirklich. Wie sie so schwebten. Und vor allem: die Lichterkette war bestimmt drei Meter länger als die ihres Nachbarn. Was der für ein Theater machte! Jeden Tag schleppte er neue weihnachtliche Leuchtaccessoires an. Und sie ärgerte sich ein bisschen darüber. Erstens war das viel zu viel Deko. Viel zu kitschig! Und zweitens fiel ihre eigene, viel subtilere und geschmackvollere Weihnachtsdekoration bei all dem Geglitzer und Geleuchte gar nicht mehr auf. Nicht, dass ihr das besonders wichtig gewesen wäre. Aber ein wenig schon. Zumindest hatte sie jetzt die längere Lichterkette. Und es sah ganz zauberhaft aus. Wie Sternschnuppen, wie gesagt. Und er würde es nicht nachmachen können, weil er keine Bäume im Vorgarten hatte. Geschieht ihm Recht, dachte sie. Jetzt würden die Leute sicher bewundernd vor ihrem Garten stehen bleiben und sich sagen, wie zauberhaft das doch aussähe. Vielleicht würde sie morgen noch eine zweite Lichterkette kaufen. In diesem Moment ertönte ein lautes „Hohoho". Erschrocken sah sie sich um. Mist. Er hatte sich diesen singenden leuchtenden lebensgroßen Weihnachtsmann gekauft. Dass der auch noch „Stille Nacht" spielen konnte, wusste sie aus der Werbung.

Es ist kalt in dieser Weihnachtsnacht, und ich habe das übliche Familienevent hinter mir. Wir gehen am Weihnachtsmorgen in die Kirche, also nicht in der Heiligen Nacht. Aber die Weihnachtsgeschichte wird gelesen, bei Kerzenschein, und mein Vater spricht sie auswendig mit. Nicht, weil er besonders religiös wäre, sondern weil er sie zum 74. mal hört und ein bisschen angeben will. Dann singen wir ein paar Weihnachtslieder, ich spiele Klavier dazu und meine Schwester Geige, das einzige Mal im Jahr. Dann gibt es Geschenke, alle bedanken sich beieinander. Und anschließend gibt es noch ein Fondue, bis dann alle nach erfolglosen Versuchen, einmal im Jahr Brettspiele zu machen, vor dem Fernseher landen. Gegen halb elf geht man dann nach Hause und ist völlig fertig – keine Ahnung, warum. Heute ist es aber kurz vor zwölf geworden, irgendwie später. Es tut mir immer leid, dass ich meinen Hund Tyler an Weihnachten allein lassen muss. In der Heiligen Nacht. Ich hätte so gern, dass er auch die familiäre Weihnachtsstimmung erleben könnte – aber leider versteht er sich nicht mit Lucy, der kleinen Mischlingshündin meiner Eltern. Ich betrete die Wohnung und lege den Schlüssel in die Schale. Sofort werde ich von Tyler begrüßt, er schwänzelt, wirft sich zu Boden, will gekrault werden. „Komm, wir kuscheln auf dem Sofa", raune ich ihm zu, und er versteht mich sofort. Er versteht sowieso fast alles, auf eine Weise, dass ich mich manchmal frage, was er sich wohl alles so denkt. Ich gehe ins Wohnzimmer, Tyler an meiner Seite, und setze mich auf das Sofa. Mit einem eleganten Satz hechtet mein Labrador neben mich. Und kuschelt sich sofort an. An Weihnachten allein, wie schade für ihn. Aber er weiß ja nicht, dass Weihnachten ist, oder? Weißt du, dass Weihnachten ist?, denke ich und spreche es aus:"Tyler, weißt du, dass Weihnachten ist?" Ich sehe auf die Wanduhr, es wird eben zwölf. Dann zurück zu Tyler. Er sieht mich an. Hustet. Bellt. Öffnet das Maul. Sagt dann:"Ja." Ich schaue ihn an und frage mich, ob ich träume. Halluziniere. Ob in Mamas Raclette vielleicht ein paar falsche Pilze zwischen den Champignons waren. „Ja, ich weiß, dass Weihnachten ist", bekräftigt Tyler mit einer Stimme, die durchaus nicht unmännlich klingt, allerdings recht hoch. Er ist ja ein Mann, aber eben ein kleiner. „Du kannst sprechen?", wundere ich mich und beschließe, mitzuspielen. Denn selbst, wenn das eine Halluzination ist, dann ist es eine gute, und ich sollte sie ausnutzen. Wann hat man ja sonst die Möglichkeit, sich mit seinem Hund zu unterhalten? Wie oft hat man sich schon gedacht, ach, wenn du doch nur reden könntest? „In der Heiligen Nacht können die Tiere zwischen Mitternacht und ein Uhr sprechen", erzählt mir mein Hund. „Aha", sage ich und schaue ihn an. Er wirkt anders als sonst. „Du kannst mich ruhig weiterstreicheln, das hab ich gern, besonders hier unter dem Kinn", meint Tyler und reckt den Kopf. Ich tue ihm den Gefallen. „Danke, Mama", sagt Tyler. „Wildis." „Wie bitte?" „Ich heiße Wildis." „Ach, Menschen haben auch Namen?" „Ja. Wusstest du das nicht?" „Nein. Du hast mir gesagt, du bist meine Mama." Ich grinse. Da hat er vollkommen recht. „Aber das ist gut, dass wir uns mal unterhalten können, *Wildis*", meint Tyler, „und so, wie ich das sehe, haben wir eine Stunde." „Warum haben wir uns bisher nie unterhalten in diesen Nächten?" wundere ich mich. „Du hast da immer schon geschlafen, und ich wollte dich nicht wecken." „Wie lieb von dir. Aber auch voll schade." „Na. Jetzt reden wir ja, Wildis." „Ja, Tyler." „Was ich dir schon immer sagen wollte: Ich mag diese einen Leckerlis nicht, diese Grünen, die schmecken widerlich." „Aber du isst sie doch", gebe ich zu bedenken. „Damit du nicht beleidigt bist." „Ach so." „Ja, so ist das. Und ich finde, wir sollten noch mehr spazieren laufen." „Aber das machen wir doch schon recht oft, oder?" Tyler zieht die Lefzen zurück, schürzt quasi die Lippen. „Geht so. Ich frage mich sowieso, wo du immer hingehst, wenn du mich so lange alleine lässt." „Arbeiten", antworte ich sofort. „Arbeiten? Was ist das denn?" Ich überlege, wie ich das meinem Hund am besten erkläre. „Menschen müssen bei einer Firma Dinge tun, die gut für die Firma sind. Dann bekommen sie Geld und können sich dafür Sachen kaufen. Essen zum Beispiel. Leckerlis." Tyler blickt kurz nach rechts oben, dann wieder zu mir, scheint nachzudenken. „Und was ist eine Firma?" „Firmen stellen Dinge her, zum Beispiel Leckerlis." „So", macht Tyler, denkt wieder nach. Dann meint er:"Und warum stellen dann die Menschen Essen und Leckerlis nicht gleich selber her?" „Das, äh, ja das ist kompliziert ...", gebe ich zu. „Also *müsst* ihr Arbeiten gehen", stellt Tyler fest. „Ja, die meisten Leute schon." „Da bin ich ja froh, dass ich ein Hund bin." „Der liebste Hund der Welt", versichere ich ihm. Tyler leckt meine Hand. „Du bist auch der beste Mensch der Welt. Ich hab dich sehr lieb." „Ich dich auch." Er lacht, seine Mundwinkel gehen nach oben, und ich tätschele ihm den Kopf. „Was ich dich noch fragen wollte ..." „Was denn?" „Ab und zu gehen wir zu so einem großen Haus mit Menschen in blauen Fellen, die mir Sachen irgendwo reinstecken oder an mir rummachen." Ich überlege, was er meint. „Der Tierarzt?" „Meistens tut es weh", beschwert sich Tyler. „Und ich mag das nicht. Können wir das in Zukunft bitte lassen? Oder machst du das zur Strafe, wenn ich böse war?" „Nein, Tyler, ich will doch dich nicht bestrafen!", versichere ich ihm sofort. „Das ist nur ein Arzt, der dafür sorgt, dass du gesund bleibst und lange lebst." „Ach so", meint Tyler. „Und dafür ist das nötig?" „Ja." „Hm. Aber irgendwann komme ich in den Himmel." „In den Hundehimmel, ja." „Es gibt extra Himmel für jede Spezies?", erkundigt sich Tyler. Ich zucke die Achseln. „Da bin ich überfragt. Das kann man nicht wissen." „Lola ist letztes Jahr *gestorben*", erinnert er sich und meint damit die Nachbarhündin, die er sehr gemocht hat. „Ja. Und sie ist bestimmt im Hundehimmel. Aber ich weiß nicht, ob Hunde und Menschen im Himmel zusammentreffen." „Dann müssen wir uns halt hier ein schönes Leben machen", beschließt Tyler. „Lass uns viele lange Spaziergänge machen, so wenig wie möglich arbeiten gehen, viel spielen und kuscheln und nur noch Leckerlis essen, die wir mögen", schlägt er vor. Ich sehe meinen Hund an, in dieser Heiligen Nacht, und denke bei mir, wie unglaublich weise er doch ist, bevor ich zustimme.

Sie stieg aus. Sie hatte sich spontan entschlossen, eine Station zu laufen. Durch den Schnee. Einfach so. Eigentlich war es kalt. Eiskalt. Nasskalt sogar. Und sie wusste nicht, ob ihre Schuhe dichthalten würden. Aber heute war ihr das egal. Sie ging auf die Promenade zu, die tagsüber von Studenten und Müßiggängern belagert wurde. Nun war sie leer. Sie atmete tief ein. Die Luft schien ihre Lungen weiter aufzublasen als gewöhnliche Luft. Sie nahm noch einen Zug dieser ganz außergewöhnlichen Luft. Dann sah sie das Licht der Straßenlaternen und trat unter einen der goldenen Lichtkegel, die die düsterne Bläue der Nacht durchschnitten. Sie fühlte sich wie ... wie hieß noch gleich dieses Mädchen aus dem Märchen, Sterntaler? Ja. Wie Sterntaler. Sie trat aus dem Licht und ging zur Mitte der Promenade, so, dass die Bäume am Rand den Himmel über ihr wie düstere, aber vertraute und willkommene Schatten durchwoben. Sie fühlte sich frei. Sie riss die Arme empor und begann zu tanzen, und die Welt gehörte ihr, ihr ganz allein. Der Schnee unter ihren Füßen, der den grauen Kies bedeckte, leuchtete cyanblau, und die Luft war klar.

Dorothee freut sich auf den Abend, und das, obwohl sie ihn bei ihrer Schwester Eva verbringt. Was heißt: Obwohl. Es müsste heißen: Weil. Sie mag ihre Schwester, durchaus. Sie beide sind nur sehr verschieden. Um genau zu sein, so verschieden, wie man nur sein kann. Gut, ihr Humor eint sie, sie lachen über dieselben Dinge. Und natürlich ihre Kindheit. Sie hatten eine gute Kindheit, sie beide, aufgewachsen in den Achtzigern. Behütet. Eine gemeinsame Kindheit, mit festen Ritualen. An Silvester hatte es immer ein Fleischfondue gegeben. Im Fernseher waren belanglose Shows gelaufen, und sie hatten sich an Brettspielen versucht, was aber die ganze Familie ziemlich schnell gelangweilt hatte, einfach, weil sie das sonst nie machten. Dorothee stellt den Wagen in die Auffahrt und betrachtet den schicken klimaneutralen Bungalow, den ihre Schwester und ihr Mann Markus, der erfolgreiche Architekt, gekauft haben. Der Bau ist von innen erleuchtet, und sie sieht im bodentiefen Wohnzimmerfenster wie auf einem Bildschirm, wie Eva hektisch Dinge auf dem Esstisch zurechtrückt. Dorothee beschließt, noch eine zu rauchen, denn ihre Schwester mag das nicht so, schon gar nicht im Haus und auf dem Grundstück eigentlich auch nicht. Rot glimmt die Glut auf, als Dorothee an der Zigarette zieht. Klimaneutral. Eine gute Sache, ja. Durchaus. Das konnte man allerdings von ihrem kleinen gemauerten Häuschen mit Bauern-Vorgarten nicht behaupten. Leider nur Energieeffizienzklasse G, hatte der Makler bedauert. Aber ihr war das egal gewesen, denn das Haus hatte eine Seele. Der Bungalow nicht. Sie schnippt die Kippe in die Auffahrt und zuckt kurz zusammen, als eine Straße weiter oben eine

Rakete explodiert. Sie mag Raketen, das ist auch so ein Kindheitsding. Denn früher hat ihr Papa immer im Handelshof so ein Set gekauft, mit ein paar Raketen, Knallern, Silberpfeifern und 2 Albatrossen, die mochte sie persönlich am liebsten. Und die wurden dann um Punkt zwölf auf der Straße vor dem Haus im Beisein der Nachbarn gezündet, unter dem Läuten der Kirchenglocken von weit her. Es faszinierte sie, wie sich vor allem die Albatrosse wirbelnd und Funken sprühend in die Luft erhoben. Fünf, sechs, sieben, zehn Meter hoch, dann verglühten und zum Boden stürzten, irgendwohin, womöglich in Nachbars Garten. Aber, weil sie eine gutbürgerliche Wohnsiedlung waren, konnte man davon ausgehen, dass spätestens bis mittags aller Müll von der Straße beseitigt war. Das war auch der Grund, warum Dorothee und Eva als Kinder am Neujahrsmorgen recht früh aufstanden. Denn dann konnten sie die bunten Plastikfetzen der Böllerhüllen, die hellroten Zündkappen der Raketen und die immer noch nach Schwarzpulver riechenden verkohlten Papphülsen der Knaller in Augenschein nehmen und sich an das tolle Feuerwerk vom Silvesterabend erinnern. Natürlich alles mit gewissem Respekt, denn ihr Vater hatte ihnen immer eingeschärft, bloß nichts anzufassen, weil die Knaller auch Stunden später noch losgehen könnten. Faszinierend! Und gefährlich! Doro hat kein Set im Kaufland gekauft, natürlich nicht, sondern eine einzelne, große Batterie, die man einmal anzündete und die dann 50 Schuss abfeuert: Das war ihr die 20 Euro durchaus wert, schon wegen der Kindheit und so. Jetzt ist alles ohne Mama und Papa, seit letztem Jahr. Aber die Schwestern haben ja sich. Doro schaut noch einmal zum Bungalow, zieht ein letztes Mal an der Zigarette, schnippt sie dann achtlos auf die Straße und geht zur Haustür. Der Gong ist volltönend, und Eva öffnet nahezu sofort. „Doro! Schön, dass du kommen konntest!" „Ich freue mich auch", lautet die Antwort, und Doro erwidert ihre Umarmung. „Komm rein, das Fondue ist schon bereit!", lädt Eva ein, während hinter ihr Markus aufkreuzt und sie ebenfalls begrüßt. Sie setzen sich um den Tisch, und es gibt Fondue. „Dieses Jahr ist es aber kein Fleischfondue", verrät Eva, während sie sich eine brünette, halblange Haarsträhne hinters Ohr streicht und ihren schwarzen, kurzen Rock glattzieht. „Ach! Käse?" „So ähnlich. Der Markus und ich sind jetzt nämlich Veganer. Also gibt es ein veganes Käsefondue. Das ist total lecker!" „Wirklich!" Dorothee lächelt. „Ja, den Unterschied schmeckt man kaum! Du machst es mit Kartoffeln, Karotten, Cashews, geschälten Hanfsamen und zum Andicken nimmst du Tapiokastärke!" „Klingt super!", lügt Dorothee und denkt an die eingelegten Rinderfiletstückchen, die ihre Mutter immer kredenzt hat. „Fleisch essen ist echt nicht gut, denk doch nur an den CO2-Ausstoß", wirft Markus ein. „Und die armen Tiere erst!", fügt Eva hinzu. „Das stimmt, aber wenn man mal ab und zu Bio-Fleisch …" „Ach, am besten ist einfach, man wird Veganer." „So." Eva stellt ein Körbchen mit veganem Baguette auf den Tisch, und Markus fummelt am Spiritusregler herum. Dann essen sie, und es schmeckt eher wie Gemüsecremesuppe, aber nun gut. Sie würden sich einen schönen Abend machen. Später sitzen sie mit einem Glas veganen Weins auf dem Sofa und unterhalten sich, über früher, über die Silvesterabende damals bei Mama und Papa. Wie schön es immer war. Eva schlägt vor, Scrabble zu spielen, aber Markus hat keine Lust. Er zeigt stattdessen Fotos vom letzten Urlaub auf den Malediven.

„Obwohl wir ja in diesem Jahr mal lieber in den Bayerischen Wald wollen, wegen der Nachhaltigkeit und so, Deutschland ist ja auch schön!", meint Eva. Markus seufzt und nickt. Und irgendwann ist es zwölf, und sie treten alle auf die Straße, in dicke Winterjacken gehüllt. „Habt ihr ein paar Knaller gekauft?", will Dorothee wissen. Eva schüttelt den Kopf. „Das verursacht Feinstaub", belehrt sie. „Wir haben stattdessen hundert Euro an Brot für die Welt gespendet, Brot statt Böller, weißt du! Hast du etwa Knaller dabei?" „Nein", behauptet Doro, „natürlich nicht." Eva lächelt. „Es wird schon irgendjemand ein paar Raketen abschießen, da können wir ja zukucken." „Das können wir", bekräftigt Dorothee und lächelt.

Und als es zwölf ist und sie mit veganem Sekt anstoßen und sich ein gutes Neues Jahr wünschen, schießt wirklich jemand, allerdings in der Parallelstraße, und nur wenige Raketen schaffen es so hoch, dass sie von den Wohnblocks auf der anderen Seite nicht verdeckt werden. „Schön, nicht?", findet Eva, während Markus einen Arm um sie legt und Dorothee ihr Sektglas in einem Zug leert, um sich bald wegen plötzlich auftretender Kopfschmerzen zu verabschieden.

Zuhause angekommen öffnet Doro den Kofferraum und holt die Feuerwerksbatterie heraus. Im Licht der einzelnen Straßenlaterne vor ihrem steinernen Häuschen ist der bunte Schriftzug gut zu erkennen. „Wonderland", steht darauf, in Blau, Rot und Grün, es sieht ein bisschen retro aus. Sterne sind auch abgebildet, eigentlich ein Pop-Art-Kunstwerk, das Ding. Sie streicht über das glänzende Papier und fühlt die glatte Oberfläche. Edel wirkt sie irgendwie.

Und schwer ist die Batterie. Es sind Röhrchen unter dem Papier zu erahnen, sicherlich sind es 50 Stück, wegen der 50 Schuss. Dorothee stellt den Feuerwerkskörper einfach auf die Straße. Zückt ihr Feuerzeug und fummelt die Zündschnur heraus. Als sie das Flämmchen daran hält, knistert sofort eine sprühende, zischende Flamme auf, die sich schnell ihren Weg in Richtung der Batterie bahnt. Doro tritt einige Schritte zurück, sie hat doch ein bisschen Respekt. Gespannt wartet sie, ein paar Sekunden, sie fürchtet, die Zündschnur würde versagen, aber dann. Es beginnt mit silbernen Glitzersternen und Rauch. Dann folgen rote, grüne und gelbe Kugeln, die hoch in den Himmel geschossen werden, so hoch, dass man sie jenseits aller Häuserblocks, die es hier aber gar nicht gibt, sehen würde. Nun folgt ein knisternder Goldregen aus Sternen, begleitet von Pfeifen und weiterem Rauch, der manche Lichtpunkte diffus verzerrt. Wie eine Lavaexplosion sieht der folgende Sprühstoß aus, der von Grün über Lila nach Rot wechselt. Einige letzte Kugeln, dann versiegt der Strom. Nur noch ein kleines Flämmchen, das an der Batterie zehrt, zeugt vom soeben Gewesenen. Der Rauch, der jetzt langsam vom Boden weg in Richtung Himmel aufsteigt. Und natürlich der Geruch. Doro tritt einen Schritt näher und schnuppert. Schwarzpulver, eindeutig. Bitter und rauchig, irgendwie gefährlich. Jetzt ist es wie früher. Morgen früh würde sie die Batterie von der Straße holen. Morgen.

Wildis Streng ist in Crailsheim geboren und aufgewachsen. Nach dem Abitur studierte sie in Karlsruhe Germanistik und Malerei, seit 2006 arbeitet sie als Gymnasiallehrerin. Nach längerem Aufenthalt im Badischen lebt sie heute wieder in ihrer Heimat und unterrichtet in Crailsheim Deutsch und Bildende Kunst. In ihrer Freizeit widmet sich die überzeugte Hohenloherin der Malerei, der Fotografie und dem Schreiben. Aus ihrer Feder stammen bereits mehrere Kriminalromane rund um das sympathische hohenlohisch-westfälische Ermittlerduo Lisa Luft und Heiko Wüst. Mit dem Bändchen "Hohenloher Nächte" setzt sie ihrer Heimat nach „Hohenloher Sommerträume" ein weiteres, liebevolles Denkmal.

Der Sommer ist doch einfach die schönste Jahreszeit in Hohenlohe! Grund genug, in den drei anderen Jahreszeiten vom Hohenloher Sommer zu träumen. Die Crailsheimer Autorin Wildis Streng jedenfalls träumt davon - mit kleinen Geschichten, Erzählungen, Überlegungen und Gedichten. Von früher und von heute.

Verlag Books on Demand, 56 Seiten, 5 €
ISBN 9783752645927